Wolfgang Korall

DIE SEELE GEORGIENS

mitteldeutscher verlag

Für Karoline

Das gerettete Bild

WIE ICH NACH GEORGIEN KAM

Alles beginnt mit einer Freundschaft. 1975 sind georgische Studenten an der Friedrich-Schiller-Universität in Jena die Ausnahme und etwas Besonderes. Die braun gebrannten jungen Leute mit den dunklen Augen und schwarzen Lockenköpfen sind in aller Munde. Von Gaga und der schönen Matsatso höre ich lange vor unserer Begegnung in der jungen Szene von Jena. Später treffe ich sie auf georgischen Partys mit georgischem Essen und georgischem Wein und Gaga lädt mich nach Tiflis ein. Ohne eine Einladung bekomme ich in der DDR kein Visum für die Sowjetrepublik Georgien. Gaga muss dafür einiges auf sich nehmen: Die elterliche Wohnung wird überprüft, ob sie sauber ist, ob das Bad funktioniert, ob Wasser und Strom fließen, ob die Familie ein geregeltes Einkommen und eine sozialistische Gesinnung hat und würdig ist, den Gast aus der DDR zu empfangen und für ihn zu bürgen. Als alles stimmt, bekommt Gaga den Stempel und ich 1979 die erste Einladung mit Visum.

Die DDR ist ein enges Land für Leute, die keine Schrebergärten mögen. Man muss sich wohlfühlen können innerhalb eines Zaunes, der einen vom Nachbarn abgrenzt. Ich vergesse es nie: 1969 bin ich das erste Mal im Ausland und mit Freunden aus meinem Studienjahr Physik in Budapest auf dem Weg zum Balaton. Wir fahren in der lichtdurchfluteten Metropole mit unseren Fahrrädern nachts auf der Elisabethbrücke über die Donau, Menschen flanieren, Westautos rauschen vorüber, der Himmel ist warm und weit. Ich trete in die Pedale und spüre etwas, was ich noch nie so heftig in der Seele gespürt habe – die absolute Freiheit. In Georgien, in Tiflis, im Kaukasus ist dieses Gefühl wieder da, und der Wunsch, in Georgien zu bleiben und Georgier zu werden. Das ist es, was die Partei-Ideologen der DDR nicht zulassen: dass es einem woanders in der Welt besser gefällt als in der eingezäunten DDR. Gaga organisiert in Tiflis einen geländegängigen Militärlaster und wir fahren im Adrenalinrausch an Abgründen vorbei nach Chewsuretien, nach Schatili und Muzo zum Volk der Chewsuren. Es ist meine erste Reise in den Kaukasus, sie schweißt uns zusammen und ich bekomme den Kaukasus nicht mehr aus dem Kopf. 1980 bin ich wieder mit Gaga in Georgien unterwegs, komme mit ihm aber nie bis nach Swanetien.

Chewsurin | Schatili 1979

Das ist mein Ziel, seitdem ich ein Buch des russischen Ethnografen Alexander Kusnezow über Swanetien gelesen habe. Ich will dorthin, aber niemand aus Tiflis will mich begleiten. „Dort verschwinden Leute, die werden verschleppt und umgebracht." Das will ich sehen, bevor ich es glaube.

1984 organisiert Gaga meine erste Reise nach Swanetien. Damals ein Sperrgebiet für Ausländer, da es ein Sicherheitsrisiko für Touristen ist und die Unberührtheit und Tradition der Bergregion geschützt werden soll. Das reizt mich erst recht, es bis dorthin zu schaffen. Gaga ist verwandt mit Ziala, der Direktorin des Ethnografischen Museums in Mestia, dem Verwaltungsort von Swanetien. Mit ihrer Adresse auf einem Zettel soll ich mich im Museum melden. Mehr habe ich nicht bei mir, als ich in Kutaissi in der Tiefebene der Kolchis in den Bus nach Mestia im Kaukasus steige. Ich sehe aus wie ein Georgier und spreche Russisch, aber nicht Georgisch, und muss unauffällig bleiben. „Lass dich nicht von einem Milizionär erwischen. Die Miliz setzt dich in einen Jeep und schiebt dich aus Swanetien in die Tiefebene ab", geben mir die Freunde in Tiflis mit auf den Weg.

Bei Einbruch der Dunkelheit komme ich zwei Tage später in Mestia an und suche nach einem Gebäude, das wie ein Museum aussieht. Ein großes Haus muss es sein, denke ich, und finde ein kleines, das sich von den anderen Häusern des Bergdorfes nicht unterscheidet. Eine verwitterte Haustür, ein dunkler Hausflur im fahlen Licht einer Glühbirne. Ich stehe noch in der Tür, als ein Mann in Uniform auf mich zukommt, der Museumspolizist. Das war es jetzt, denke ich. Wer ich bin, woher ich komme, was ich will, will er wissen. Ich komme keine drei Meter weiter, da sitze ich mit dem Polizisten und einer Flasche selbstgebranntem Raki im Hausflur und trinke mit ihm auf die deutsch-georgische Freundschaft die Flasche leer.
Ziala erwartet mich, erfahre ich, sie musste aber mit dem Bus nach Tiflis und wir sind aneinander vorbeigefahren. Ich wache in einem Bett im Hause von Ziala auf und weiß nicht, wie ich dorthin gekommen bin. Aber ich bin endlich in Swanetien.

Am Tag darauf sehe ich eine lange Menschenkette auf dem Kamm des Berges, einen Trauerzug auf dem Weg zum Friedhof hoch über Mestia. Ich renne los und komme zu spät. Der Tote liegt im Grab und die Tischreihen mit den Trauergästen sind voller Leben. Ich bitte den Ältesten um seine Erlaubnis zum Fotografieren und darf an der Tafel Platz nehmen. Dort hält es mich nicht lange. Als ich zurückkomme und mich setze, nimmt ein Swane, einen Platz von mir entfernt, ein Messer vom Tisch und brüllt: „Du deutsches Schwein, fotografiere die Berge und nicht die Menschen!“ Ich habe das Messer am Bauch, springe zur Seite und schlage dem betrunkenen Bauern mit aller Kraft meine Nikon auf den Kopf.

Die Nikon habe ich einem Rentner abgekauft. Der hat die Kamera von einer Westreise mitgebracht, ohne zu wissen, dass die Objektive der DDR-Kameras nicht zur Nikon passen. Der Schlag ist heftig, Blut spritzt. Männer werfen sich auf den Angreifer, halten ihn fest, die Nikon fotografiert weiter.

Ich wohne am Rande des Dorfes in der Turbasa, der Unterkunft für Bergsteiger, als ein Bote auftaucht: Ich hätte seinen Freund beleidigt und der fordert mich am Abend zum Zweikampf auf der Lichtung am Weg zum Dorf. Die Ehre ist den Swanen heilig und gegen den Bergbauern habe ich keine Chance. Abhauen kann ich nicht, wenn ich wieder nach Swanetien kommen will. So gehe ich zu der Lichtung. Die Haare stehen mir zu Berge und ich suche den hellsten Stern am Abendhimmel, den ich nicht verfehlen kann, wenn meine Seele in der Nacht nach der Schlacht zum Himmel aufsteigt. Ich warte eine Stunde, aber der Kerl kommt nicht. Die Swanen haben den Konflikt unter sich geklärt. Wenn ein Fremder der Gast einer Familie ist, steht er in Swanetien unter ihrem Schutz und wird nicht angerührt.

Wieder in Jena, schreibe ich 1984 einen Brief an die Firma Nikon, schildere das Ereignis in aller Dramatik, lobe die Robustheit der Kamera mit der Bitte um eine komplette Ausrüstung für weitere Härtetests im Kaukasus … und erhalte nie eine Antwort. Ich reise bis 1988 jedes Jahr nach Georgien und beende die Arbeit am Buch „SWANETIEN – Abschied von der Zeit“. Den Brief an Nikon finde ich 1992 in der Gauck-Behörde in Berlin bei der Einsicht in meine Stasiakten, von der Stasi aus der Post gefischt und abgeheftet als „versuchter Westkontakt“.

Mzcheta 2008

2008

Eine Einladung zum Künstlerprojekt „Pirosmanis Tisch“ im Gedenken an den georgischen Maler Nikolos Pirosmanischwili bringt mich 20 Jahre später nach Georgien zurück. Maler, Bildhauer und Fotografen aus Georgien und Europa treffen sich zu einer gemeinsamen Ausstellung in Tiflis und reisen im Bus durch die georgischen Provinzen. Inspiriert von den beseelten Bildern Pirosmanis im Museum von Mirsani, kommt mir die Idee zum Fotoprojekt „Die Seele Georgiens“. Auf den Wegen der in Georgien verehrten heiligen Nino will ich durch das Land zu ihren historischen Wirkungsorten reisen und in der Landschaft und bei den Menschen nach der Seele Georgiens suchen. Georgien ist kein großes Land, aber so atemberaubend weit in der Vielfalt geschichtlicher Zeiten, geografischer Regionen, anstrengender Wege und gastfreundlicher Menschen, als würde man einen Kontinent bereisen. Georgien ist ein Mysterium, ein Abenteuer, eine Offenbarung.

Einer Überlieferung nach, die ich hier nur weitererzähle, wird Nino am Ende des 3. Jh. in Kappadokien geboren. Ihr Vater ist ein Gutsherr und Krieger, ihre Mutter eine Verwandte des heiligen Georg, nach dem Iberien seinen Namen Georgien erhält. Nino ist 12 Jahre alt, als ihre Eltern mit ihr nach Jerusalem ziehen, um ihre letzten Jahre Gott und den Armen zu widmen. Sie lebt bei einer alten Armenierin in einer Hütte am Tore Sion und sieht die in Lumpen gehüllten Juden in die Verbannung wandern, weil sie Jesus ans Kreuz geliefert haben. Die Alte erzählt Nino die Geschichten von Gottes Sohn und ein Bericht entfacht die Fantasie des Kindes besonders: von der fernen Stadt Mzcheta der heidnischen Iberer, in der das Gewand des gekreuzigten Jesus als Reliquie aufbewahrt wird. Als die Rabbiner in Jerusalem Gericht über Jesus halten, laden sie Rechtsgelehrte aus fernen Ländern ein, unter ihnen Elias aus Mzcheta. Seine Schwester Sidonia beschwört ihn, Jesus nicht zu verurteilen. Doch als Elias nach Jerusalem kommt, ist Jesus schon gekreuzigt. Auf dem Berg Golgatha besticht Elias einen römischen Legionär, ihm das blutgetränkte Hemd Jesu zu überlassen. In Mzcheta drückt Sidonia das Hemd fest an ihre Brust, sie stirbt vor Schmerz und wird zusammen mit dem Hemd begraben.

Aus ihrem Grab wächst eine starke Zeder. Nino erscheint im Traum die Gottesmutter mit der Aufforderung, nach Iberien zu gehen, um das heilige Gewand zu finden. Ein Weinrebenkreuz, gebunden mit Ninos Haaren, wird ihr Heil und Schutz bieten. Nino verlässt Jerusalem und wandert über den Kleinen Kaukasus bis in die alte Hauptstadt Mzcheta. Sie trifft auf eine Prozession mit König Mirian und Königin Nana zur Verehrung der Götter, denen sie Opfer darbringen. Nino fleht zu Gott, er möge die falschen Götter beschämen, und ein Unwetter zerstört den Götzentempel und die Menschen rennen in Panik auseinander. An diesem Tag, an dem die Christen das Fest der Verklärung Jesu feiern, wirkt zum ersten Mal die Kraft des einen Gottes in den Bergen Iberiens. Fortan ist Nino als Wundertäterin und Heilerin in Georgien unterwegs, lehrt als Missionarin das Evangelium und tauft die Juden und Heiden im Volke.

Die Königin Nana steht der neuen Lehre feindselig gegenüber. Als sie sterbenskrank von ihren Ärzten aufgegeben wird, erinnert sie sich an die Heilkräfte der Nino und wird zu ihrer Hütte im Wald getragen. Nino erhebt das wundertätige Weinrebenkreuz und ruft den Namen Jesu an, worauf die Königin geheilt wird und laut den Gott Ninos preist. König Marian, bewegt von der Heilung seiner Königin, schwankt zwischen Gott und Götzendienst. Auf einer Jagd im Wald gerät er in ein schweres Gewitter und verirrt sich vom Blitz geblendet. Als seine Götter ihm nicht helfen, wirft er sich zu Boden und ruft: „Gott der Nino, lass vor meinen Augen das Licht leuchten, zeig mir den Weg zu meinem Palast; ich will deinen Namen verherrlichen, ein Kreuz errichten, einen Tempel bauen zu deiner Ehre und die Religion Ninos annehmen." Das Gewitter verzieht sich und die Sonne bricht hervor.

Der König lässt im Garten seines Schlosses eine Kirche bauen und ein Kreuz errichten. Nino wählt den Platz an der Stelle einer prächtigen 300 Jahre alten Zeder. Sechs riesige Fichten werden gefällt für sechs Säulen, die das Gotteshaus tragen. Die mittlere, schönste Säule soll aus der Zeder geschnitten werden, aber es ist unmöglich, die Zeder zu fällen. Nino bittet Gott um Hilfe und ein Engel erscheint und hebt die Zeder in die Höhe. Unter ihren Wurzeln liegt Sidonia mit dem heiligen Gewand Jesu in den Armen. Aus der Zeder quillt ein heiliger Balsam, der alle Kranken heilt. So erzählt die Legende.

Am Ort dieser Wunder wird eine Kapelle zu Ehren der Sidonia erbaut und von einer großen Kirche umschlossen – daher der Name „Lebenssäulekirche“ des alten Doms von Mzcheta.

Im Samtawro-Nonnenkloster in Mzcheta steht die Kapelle der Nino, in der sie gebetet haben soll, als ältester christlicher Sakralbau Georgiens. 337 wird das Christentum zur Staatsreligion Iberiens, nach Auffassung der Georgischen Orthodoxen Apostelkirche schon 326. Am Ort der Verkündigung steht bis zum heutigen Tag im Unteren Kartlien die Basilika von Tochti aus dem 4. Jh. mit einem Holzkreuz auf dem Bergkamm.

Im selben Jahr, in dem das Christentum in Georgien zur Staatsreligion wird, lässt sich in Konstantinopel im Oströmischen Reich der römische Kaiser Konstantin taufen. Nach der Bekehrung der Georgier zieht sich Nino in die Einsamkeit der Berge zurück. An einem kargen Felsen richtet sie ein Gebet an Gott mit der Bitte um Trinkwasser, worauf eine Heilquelle aus dem Fels sprudelt. An diesem Ort lässt Nino ein Kreuz errichten und Ende des 5. Jh.s wird dort die „Heilig-Kreuz-Kirche“ des Dschwari-Klosters (Kreuzklosters) erbaut. Da steht sie bis heute weithin sichtbar über der alten Hauptstadt Mzcheta am Zusammenfluss von Aragwi und Kura (Mtkwari). Nach einer letzten Mission in der entlegenen Kaukasusprovinz Tuschetien kehrt Nino krank nach dem paradiesischen Bodbe zurück und stirbt im Beisein der königlichen Familie unter frommer Anteilnahme des Volkes am Festtage der heiligen Dreikönige des Jahres 338 (nach anderen Berichten 354 oder 361).

Nino wird im Kloster Bodbe bestattet. Von hier hat man einen weiten Blick über das Alasani-Flusstal bis zu den schneebedeckten Gipfeln des Kaukasus. Über ihren Tod hinaus geschehen am Grabe Ninos viele Wunder und sie wird bis in unsere Zeit als Schutzpatronin Christiana, die Christin, in Georgien hochverehrt. Das Weinrebenkreuz der Nino bleibt über Jahrhunderte in der Swetizchoweli-Kathedrale in Mzcheta, wird im Mittelalter mit dem Kronschatz in der Zminda-Sameba-Kirche an der Georgischen Heerstraße versteckt, von Persern nach Armenien gebracht, von dort nach Moskau und vom Zaren Alexander I. nach der Annexion Georgiens 1801 an die Sioni-Kirche in Tiflis zurückgegeben.

Kapelle der Sidonia in der Lebenssäule-Kirche | Mzcheta 2008

Mzcheta 2008 | Segnung an der Lebenssäule-Kirche

Nino-Kapelle im Samtawro-Kloster | **Mzcheta 2008**

Mzcheta 2008 | Grab des heiligen Gabriel im Samtawro-Kloster

Ort der Verkündigung des Christentums als Staatsreligion | Tochti 2009

Mzcheta 2008 | Dschwari-Kirche

Grab der Nino im Kloster Bodbe | Signachi 2011

Das georgische Volk ist noch heute im frommen Glauben religiös. Im Kloster Qwelazminda in Gurdschaani hängt eine Ikone mit der Darstellung des heiligen Georg, dem Schutzpatron Georgiens: Den Speer an die Schulter gelehnt, hält er seinen abgeschlagenen Kopf in der linken Hand und bringt seinem Gott das höchste Opfer, sich selbst.

Dem Künstlerprojekt „Pirosmanis Tisch" in Tiflis gehen in Berlin zähe Diskussionen voraus. Der kriegerische Konflikt mit Russland um Südossetien am Kaukasus wird gerade eingedämmt und wir debattieren, wie gefährlich die Reise ist und ob wir Künstler in Georgien zwischen die Fronten geraten können. Russische Panzer rollen durch Georgien bis Poti an der Küste des Schwarzen Meeres und stehen vor Tiflis. Die Georgier sind geschockt und voller Wut. Gerüchte über Plünderungen und Gräueltaten machen die Runde.
Einige Künstler zögern und jene, die in Berlin bleiben, verpassen eine spannende Reise durch ein Land, das seit meinen Reisen in den 80er Jahren, als Georgien noch Teil der Sowjetunion war, verändert und doch nicht anders ist. In seiner wechselvollen Geschichte und aufgrund seiner Lage zwischen Europa und Asien gab es in Georgien nur wenige Jahre ohne Krieg und Fremdherrschaft.
In der Wehrkirche Gremi in Kachetien sehe ich eine junge Frau, die im Gebet zwei Kerzen in den Händen hält. Hinter ihr Jesus am Kreuz mit ausgebreiteten Armen. Als Motiv ein seltener Glücksfall für meine Fotoarbeit. Sie betet für ihren Mann und den Vater ihrer Tochter, der im Konflikt um Südossetien als Soldat im Einsatz ist. Ein anmaßender Maler aus unserer deutschen Künstlergruppe rempelt mich absichtlich an, es sei verboten, in der Kirche schöne Frauen zu fotografieren. Ich beherrsche mich, ihm nicht meine Kamera in sein Grinsen zu knallen. Das Foto wird unscharf, aber ich kann es retten. Ich will mehr wissen, als nur Gerüchte zu hören. Mein Freund Lewan, Kameramann in Tiflis, fährt mit mir zur Grenze nach Südossetien, und nur Heiner, Dokumentarfilmregisseur in Berlin, ist so mutig, uns dorthin zu begleiten. Mehrere Straßensperren bei Karaleti lassen uns passieren und wir erreichen Kwiawi, das letzte Dorf an der Linie, die von georgischen Soldaten gehalten wird. Hundert Meter weiter stehen die Freischärler, verschanzte Südosseten, auch Kosaken sollen unter ihnen sein. „Geht ihr zehn Meter weiter, schießen die", sagen die georgischen Soldaten.

Im Dorf alte Menschen mit traurigen Gesichtern. Nur Stalins Kopf, auf dem Dorfplatz als Büste eingemauert und von Ketten umzäunt, blickt unbeirrt aus toten Augen. „Berichtet der Welt, was ihr seht“, bitten die Leute. Ich fotografiere den Konflikt und die Flüchtlinge in Tiflis für den „Esquire“ in London. Im Dorf eine Trauerfeier am 40. Tag nach dem Tod zur Erinnerung an die Himmelfahrt Christi am 40. Tag nach seiner Auferstehung. Ein Mann erzählt: Osseten haben seinen Vater geschlagen und der ist bei dem Verhör gestorben. Weil der Friedhof des Dorfes auf der anderen Seite in Südossetien liegt, muss er den Vater im Garten begraben.
Ein kleiner Junge winkt uns zu, wir sollen ihm folgen, er will uns etwas zeigen.
Ich vergesse die kleinen nackten Füße nicht, die in die Pedale seines viel zu großen Fahrrades treten, als er vor unserem Jeep zum Haus seiner Eltern fährt. Freischärler aus Ossetien haben das Haus geplündert und angezündet. Weil sein Vater der Dorfpolizist ist.
Alle kennen sich von den Märkten auf den Dörfern und nun tun sie sich das an. Gezielt werden Häuser zerstört, deren Bewohner für den Staat arbeiten, erzählt der Polizist. Die Hausruine ist unbewohnbar, aber über den verkohlten Mauern weht die georgische Fahne. Es wird dunkel. In einem Hohlweg stehen Soldaten. Lewan hält an und steigt aus dem Jeep. „Seid ihr Georgier?“, ruft er. Die Soldaten antworten nicht, wir drehen um und fahren lieber zurück. Ein letzter Zipfel Georgiens, ein umzingeltes Dorf am Ende ihrer Welt, Panzerspuren, Schützenlöcher, verstörte Einwohner und topfitte georgische Recken in russischen Schusswesten mit amerikanischen Schnellfeuergewehren über der Brust. „Mir gefällt deine Uhr“, spricht der eine mich an. „Mir auch“, antworte ich lachend und denke, die Uhr wäre jetzt weg, müsste ich mit erhobenen Händen an der Wand stehen.

Die Kirche in Nikosi aus dem 6. Jh. ist mit Sandsäcken geschützt.
Vom Turm der Klosterkirche sehen wir 300 Meter weiter die ersten Häuser von Zchinwali, der Hauptstadt von Südossetien. In Perewi, einem anderen Grenzort zu Südossetien in idyllischer Landschaft und eine Woche nach Rückgabe des Dorfes von Russland an Georgien, ist ein Bach die Grenze. Am Abend treibt eine Bäuerin ihre Ziegen von der Weide in Südossetien auf der Brücke über den Bach ins Dorf und in der Nacht versperrt ein nicht gekennzeichneter Armeejeep mit abgeblendeten Scheinwerfern die kleine Hängebrücke nach Georgien.

Perewi 2008

Kwiawi 2008

Kwiawi 2008

Im Dorf Girewi in Tuschetien dürfen wir die Zelte im Stützpunkt einer Grenzkompanie aufstellen, die den Nordosten nach Tschetschenien und Dagestan sichert. Immer wieder dringen Tschetschenen in der Nacht über den Großen Kaukasus in Georgien ein. Mir fallen die kaukasischen Hunde auf, die das umzäunte Gelände bewachen: ein scharfer schwarzer Rüde, der aus vollem Lauf den zwei Meter hohen Zaun überspringt, und eine kleinere graue Hündin an seiner Seite. Der Kompaniechef des Lagers lädt uns freundlich zum Trinken mit den Soldaten ein. Es wird sich bald als Fehler herausstellen, dass er uns nicht mit den Hunden angefreundet hat.

Mein Freund Lewan, mit dem ich das Zelt teile, hat reichlich getrunken und schläft fest und laut, während ich mitten in der Nacht mit aufgerissenen Augen im Schlafsack liege. Anstelle eines Überzeltes haben wir eine Plastikplane, im Zelt ist es stickig und stinkt nach Alkohol. Ich sehe nicht die Hand vor Augen, als ich herauskrieche. Fünf Meter weiter steht das Zelt von Gocha und ich will umziehen. „He, Gocha", flüstere ich, kratze am Zelt und höre ein zischendes Knurren. In der Finsternis kaum sichtbar, kriecht die graue Hündin zum Sprung bereit auf mich zu. Barfuß und mit bloßen Händen stehe ich in einer kurzen Turnhose im Gras, laufe nicht weg, mache mich instinktiv groß mit ausgebreiteten Armen und gehe, laut mit der Hündin schimpfend, einen Schritt auf sie zu. Sie weicht zurück, ohne den Abstand zu vergrößern. Schon hoffe ich, als es unheilvoll böse knurrt.

Der schwarze Rüde, in der Nacht kaum zu sehen, steht zwei Meter neben mir und die Hündin wird mutiger. Ich brülle die Hunde an und sehe in die eiskalt glitzernden Augen des Rüden, der zum Sprung ansetzt. So sieht der Tod aus, denke ich. Mehr sehe ich nicht von der Welt und das hätte das Letzte sein können. Ich bin in einem Film und warte auf das Ende. Im letzten Augenblick ist ein Wachsoldat zur Stelle, schlägt mit dem Kolben seiner Kalaschnikow dem Rüden auf die Schnauze und der Hund krümmt sich winselnd am Boden. Der Soldat, ein kleiner Kerl mit einem großen Herzen, rettet meine Gesundheit, mein Leben. Lewan im Zelt schläft friedlich weiter und am Morgen erfahre ich, Gocha hat im Jeep gepennt und ich hätte einfach in sein Zelt kriechen können. Der Rüde hat nur seinen Job gemacht, versteht die Welt nicht mehr und springt tagelang von außen gegen die Tür der Armeebaracke, sobald ich hinter der Tür in seine Nähe komme.

28.

Tiflis 2008

CAT
CATERPILLAR
ADAMS
M318
CAT

Tiflis 2011 | Dreifaltigkeitskirche

Tiflis 2011

 Kempinski-Hotel am Rustaweli-Prospekt | Tiflis 2008

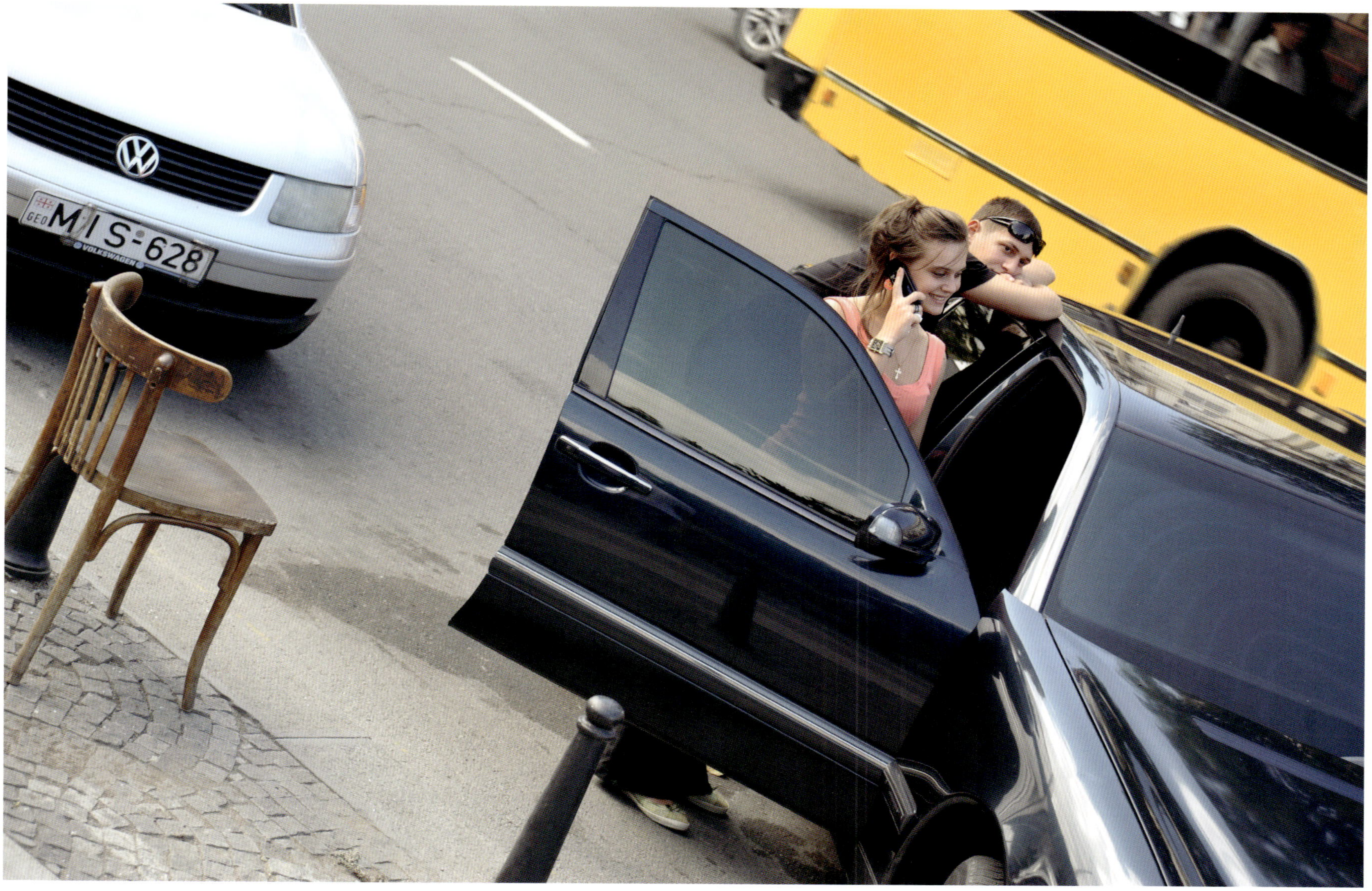

Tiflis 2010

Tiflis 2010

Tiflis 2011

Festung Narikala mit Statue der Mutter Georgiens |

2009

In Kutaissi in der Kolchis am Fuße des Großen Kaukasus treffen wir Dato. Er kommt im Jeep, ist der ehemalige Gouverneur von Kutaissi und frühere Justizminister Georgiens. Wir fahren zum Gefängnis, in dem Stalin als Bankräuber einsaß. In der engen Zelle Stalins kriege ich Beklemmungen. Zwei mal zwei Meter. So eingesperrt, wird ein Mensch zum Menschenhasser. Das Stalin-Museum in Gori erdrückt mit einer Ruhmeshalle aus sowjetischer Zeit das bescheidene Geburtshaus, in dem Iosseb Bessarionis Dschughaschwili als Sohn eines Schuhmachers über die Welt kommt.

Ich spüre in der subtropisch warmen Altstadt von Kutaissi vor der flimmernden Silhouette des Kaukasus den Hauch der Antike wie an keinem anderen Ort. Schon im 3. Jh. v. Chr. wird die Stadt Kutaia in der Argonautensage als Hauptstadt der Kolchis erwähnt, in der das Goldene Vlies geraubt wurde. Die hängenden Häuser am Ufer des Rioni-Flusses sind wie eine belebte Filmkulisse und ich verfalle der Illusion, ein Zeitreisender im Mittelalter zu sein. Im Ethnografischen Museum frage ich nach meiner Freundin Natia. Wir begegneten uns 1988 in Swanetien. Sie hat Jahrhunderte in der Geschichte erforscht, aber niemand kennt sie hier noch.

Auf Anordnung von König David IV., David dem Erbauer, wird 1106 das Gelati-Kloster errichtet, auf dessen Boden die Bagrati-Kathedrale steht, auch Muttergotteskirche genannt. Zu Stein gewordene Seele. David IV. vereinigt Georgien und befreit es von den Türken. Er fördert die Christianisierung Georgiens und verlegt den Königssitz von Kutaissi nach Tiflis. Nach seinem Tod im Jahre 1125 wird er nicht in der Kathedrale, sondern im südlichen Eingang der Klosteranlage beerdigt. Auf der Grabplatte ist sein letzter Wunsch festgehalten, dass jeder Besucher des Klosters über sein Grab gehen soll.
So geht David in die Geschichte ein und erinnert an sich bis zum heutigen Tag.

Auf der Dschawacheti-Hochebene liegt der Parawani-See, der größte Binnensee Georgiens. An der tiefsten Stelle steht das Wasser nur drei Meter hoch. Das Wasser des Sees fließt an Tiflis vorbei durch Aserbaidschan ins Kaspische Meer.

Seit der Bronzezeit wird das Hochplateau von Menschen besiedelt. Nahe dem Dorf Tsalka am Stausee finden die Archäologen in den Grabhügeln, den Kurganen der Trialeti-Kultur mit über 100 Metern Durchmesser, die Spuren ihres Daseins: hölzerne Grabkammern, Wagengräber mit Ochsen, Keramiken, Bronzewaffen, Kupferdolche, Goldschmuck. Bei Grabungen 2005 und 2007 wird im Kupfererzlager bei Sakdrissi das älteste bekannte Goldbergwerk aus dem 3. Jahrtausend vor Christus entdeckt.

Einen Hang hinab sehe ich ein grandioses Bild: Bauern mähen eine große Bergwiese und ihre Frauen sammeln das saftige Gras. In der Mitte der gemähten Wiese ist eine Tafel aufgebaut. Der lange Tisch ist mit weißen Tüchern bedeckt und mit Getränken und Speisen überladen. Jeder hat etwas mitgebracht: klares Wasser, alten Landwein, frisches Brot, Chatschapuri, Chinkali, Hühnchen, Schaschlik, Gurken, Paprika, Zwiebeln, Knoblauch, Auberginen mit Walnuss-Knoblauch-Paste, Granatäpfel, Weintrauben, Tschurtschchela, Nüsse, eine Vase mit Feldblumen. Ein georgischer Tisch, wie von Pirosmani gemalt und wie er gastlicher nicht sein kann.

Die Tafel ist zum weiten Horizont ausgerichtet. Dort steht im klaren Licht und wie zum Greifen nah das Panorama des Großen Kaukasus mit noch größeren weißen Wolkenbergen. Die heilige Nino ist über diese Wege im Kleinen Kaukasus nach Mzcheta gewandert. Die kleine Basilika in Ninotsminda steht seit jener Zeit. Nino war hier, das bewegt mich, und nach der Anstrengung des Tages erscheint sie uns als flimmernde Gestalt in der heißen dünnen Luft am Wegesrand. Es ist eine junge Georgierin auf dem Weg nach Poka und wir nehmen sie im Auto mit.

Das Nonnenkloster Poka wird im 11. Jh. an jenem Ort erbaut, an dem Nino im 4. Jh. ein Weinrebenkreuz errichtet. Wir erreichen den See und ich sehe eine Nonne als schwarze Gestalt am Ufer.
Während meine Reisekameraden Gocha und Matthias die Zelte aufbauen, renne ich zum See und will ein Foto von ihr machen. Aber die Nonne ist verschwunden. Nur die Silhouette einer Möwe schwebt wie ein Gruß der Nino über das goldschimmernde Wasser im Licht der versinkenden Sonne.
Wasser, Steine und Sonnenlicht sind die Quellen des Lebens. Für einen Augenblick ist die Welt am See ohne Raum und Zeit und ich stehe am Anfang von allem und staune: Das muss das Paradies sein.

Kutaissi 2011

Kutaissi 2011

Kutaissi 2011

Rioni-Fluss | Kutaissi 2011

Wani 2010

Kathedrale der Gottesmutter im Gelati-Kloster | Kutaissi 2011

Christus-Ikone | Kutaissi 2011

Kutaissi 2011 | Grabplatte von König David dem Erbauer

Jüdischer Friedhof | Leilaschi 2009

Oni 2009 | Gemeindevorsteher in der Synagoge

Leilaschi 2009

Tsesi 2009 | Betende Frauen an der Barakoni-Kirche

Leilaschi 2009

Achalkalaki 2009

Achalkalaki 2009

Adigeni 2009

Höhlenkloster mit Kapelle | Wanis Kwabebi 2009

Wardsia 2009 | Höhlenkloster

Manglisi 2011

Ruisi 2009

Höhlenstadt am Rioni-Fluss | Uplisziche 2009

Uplisziche 2009

Rioni-Fluss | Uplisziche 2009

2010

Bei der Festungskirche Ananuri biegt Lewan mit dem Jeep von der Georgischen Heerstraße ab und fährt am Stausee vorbei in ein Seitental nach Chewsuretien. Wir wollen zum Wehrdorf Schatili an die Nordgrenze, zur unzugänglichsten Bergregion Georgiens. Sechzig Wohntürme bilden eine Festung über dem Arghuni-Fluss. Schatili kontrolliert die Wege und Pfade, die von Tschetschenien, Inguschetien, Tuschetien und Daghestan ins Kernland von Georgien führen.
1979 bin ich schon einmal hier mit meinem Freund Gaga. Da leben in Schatili die Chewsuren noch in traditioneller Weise und ich kann über die mit Schieferplatten gedeckten Türme von einem Dach zum anderen durch das Dorf laufen. Das Wehrdorf ist restauriert, hat ein Hotel im Wehrturm mit WC und Dusche für Wanderer und Bergsteiger. Fünfzehn Familien leben in Schatili vom Tourismus. Insgesamt besteht das Volk der Chewsuren noch aus 700 Familien.

Die Chewsuren sind Christen wie die Swanen, deren Glaube eine Vermischung mit heidnischen Bräuchen ist. Es regnet, die Wolken hängen in der Schlucht, als Lewan und seine Frau Nino mit mir zum Wehrdorf Muzo aufbrechen. Muzo ist ein Plateau mit einem Friedhof vor dem Panorama der Berge, der an eine Kultstätte der Inkas in den Anden erinnert. Beim Aufstieg in das Festungsdorf wird mir auf der Höhe der uralten Gräber übel, der Kreislauf wackelt, zum ersten Mal zittern mir die Beine und im Gehirn spüre ich für Sekunden ein heftiges Brennen. Ein einsamer Ort zum Sterben, denke ich, und Zeit für die nächste Generation von Abenteurern.

Ein anderer Tag. Die Georgische Heerstraße im Aragwi-Tal weiter bis Stepanzminda (Kasbegi) ist der alte Handels- und Militärweg über den Kaukasus nach Russland. Auf der Bergfahrt geht unserem Bus am Kreuzpass der Diesel aus und wir stehen mit leerem Tank im Nebel. Gocha ruft die Miliz in Kasbegi an und die Polizisten sammeln Sprit für den Bus. Am nächsten Morgen steht die Zminda-Sameba-Kirche vor dem wolkenlosen Kasbek im Sonnenlicht.
„Nur Menschen mit einem goldenen Herzen sehen den Gipfel des Kasbek“ lautet ein georgisches Sprichwort und erinnert mich an eine merkwürdige Episode.

Ich begleite einen deutschen Geschäftsmann von Tiflis die Georgische Heerstraße hinauf nach Kasbegi. Die ganze Zeit hält er Ausschau nach alten Häusern, die sich zum Hotel umbauen lassen. So ein Haus will er kaufen. Es regnet und regnet noch immer, als wir zum Zminda-Sameba-Kloster hinauffahren. Ich will Fotos machen, aber der Kasbek verbirgt sich in dicken Regenwolken. Im Innenhof des Klosters bitte ich den Berg inständig, seinen Gipfel zu zeigen, damit ich ein Foto von ihm aufnehmen kann. Der Himmel öffnet sich und ich mache das Bild. Da wird die Holztür zum Hof aufgerissen, mein Begleiter schaut durch und ruft erbost: „Wir müssen weiter!“, und im selben Augenblick zieht sich der Gipfel wieder zu.

Mkinwartsweri, Eisgipfel, nennen die Georgier den erloschenen Vulkan,
mit 5047 Metern einer der schönsten Berge im Großen Kaukasus.
Die Osseten nennen ihn Zeristi Jub, den Berg Christi. Er gilt als Berg der griechischen Mythologie, an dem Zeus den Titanen Prometheus als Strafe dafür anketten lässt, dass er den Menschen das göttliche Feuer auf die Erde bringt.
Ein Adler reißt dem Unsterblichen jeden Tag die nachwachsende Leber heraus,
bis Herakles den Adler erlegt und Zeus den Prometheus begnadigt.

Von Stepanzminda geht es durch die Darjal-Schlucht des Terek-Flusses nach Russland. Zwischen den senkrechten Felswänden klemmt der Nebel und ohne Sicht sind wir blind in einem Höllenschlund. Lichter tauchen auf, die Scheinwerfer eines der wenigen Autos, die noch von Russland über den Kaukasus kommen. In der Einöde vor der Grenze treffen wir auf eine verlassene Baustelle; ein georgischer Millionär lässt hier eine Kirche bauen zur Rettung seines Seelenheils.

Ananuri 2008 | Viehabtrieb auf der Georgischen Heerstraße

Passanauri 2008

Gudauri 2008 | Kreuzpass an der Georgischen Heerstraße

Aragwi 2008

Stepanzminda 2008 | Zminda-Sameba-Kloster

Zminda-Sameba-Kloster vor dem Kasbek | Stepanzminda 2008

Stepanzminda 2008 | Betender Mönch des Zminda-Sameba-Klosters

Wehrdorf über dem Fluss Arghuni | Schatili 2010

Schatili 2010

Muzo 2010

Muzo 2010 | Aufstieg zum Wehrdorf

Bushaltestelle an der Gebirgsstraße | Biso 2010

2011

In Dmanisi im Kleinen Kaukasus finden georgische Anthropologen 1991 einen Unterkiefer. Sein Alter wird auf 1,85 Millionen Jahre bestimmt. Es sind die frühesten menschlichen Spuren in Georgien und die ältesten Knochen der Gattung „Homo“ außerhalb Afrikas. Weitere Schädel und Werkzeuge werden entdeckt, Skelette rekonstruiert und als Familie interpretiert, die bei einem Vulkanausbruch begraben wird. Ein Hinweis, dass die Gattung „Homo“ von Afrika über Georgien nach Eurasien auswanderte. Millionen Jahre später an jenem Ort zu stehen, an dem diese Vorfahren lebten und starben, bringt mich an die Grenze der Vorstellungskraft.
In Georgien gab es Ureinwohner noch viel weiter zurück in der Zeit: Auf dem Berg Sataplia, einem erloschenen Vulkan nahe der Stadt Kutaissi, sind Krallenabdrücke von Dinosauriern zu sehen. Einer ist 145 Millionen Jahre alt, der andere 65 Millionen Jahre. Das ist die Zeit vor dem Einschlag des Asteroiden im Golf von Mexiko, der die Dinosaurier ausrottete. Eine andere Fundstätte von Weltrang liegt in den Ruinen der antiken Tempelstadt Wani in der Kolchis am Schwarzen Meer, Felsengräber, die mit ihrem kunstfertigen Goldschmuck die antike Kolchis zur Hochkultur aufwerten. Die Flüsse des Kaukasus sind in der Antike reich an Gold. Von den Swanen wird berichtet, sie halten Schaffelle in den Inguri-Fluss, in denen sich Gold sammelt, bis die Felle in der Sonne glänzen. Die Argonauten-Sage erzählt von Jason, der über das Schwarze Meer zur Kolchis segelt und in der antiken Stadt Phasis nahe der heutigen Hafenstadt Poti an Land geht, um das Goldene Vlies zu rauben. Suchumi, Poti und Pizunda gehen auf Kolonien der Griechen am Schwarzen Meer zurück. Die antike Kolchis ist als Hochkultur durch Seefahrt und Handel mit den alten Griechen und Römern verbunden. Georgien sieht auch darin seine historische Zugehörigkeit zum europäischen Kulturkreis.

Wir fahren von Kutaissi über Lentechi durch das Untere Swanetien nach Uschguli in Oberswanetien. Bei meinen Reisen in den 1980er Jahren bin ich das Inguri-Tal hinaufgefahren und nehme nun zum ersten Mal den Weg über den Tsagar-Pass. Gocha fährt den Jeep und unser Freund Matthias begleitet uns.

Am Abend ist die Dorfkneipe in Lentechi geschlossen, aber man öffnet uns mit georgischer Gastfreundschaft zum Abendessen. Von Lentechi geht es am Pferdefluss hinauf nach Uschguli durch enge Schluchten, weite Täler und Bergdörfer. Vor dem Pass öffnet sich ein Hochtal mit einem Blick zu den östlichen Ausläufern des Schchara-Massivs. Den Pass bemerken wir kaum, so sanft hebt und senkt sich der Fahrweg über die baumlosen blumigen Bergwiesen hinunter nach Uschguli. Zwei Radfahrer aus Jena kommen uns entgegen und erinnern sich, Matthias und mich im Flugzeug nach Tiflis gesehen zu haben. Von Georgien wissen sie nicht viel, haben von Swanetien wenig gesehen und sind mit Mountainbikes sportlich unterwegs gegen die Zeit.
Eine Herde wilder Pferde reagiert auf Gochas Pfeifen und kommt aus dem Tal herauf. Als Hirtenjunge hat Gocha in Tuschetien Tag und Nacht Schafe gehütet und die Sterne betrachtet und hat das Ortsgedächtnis eines Nomaden. Nach Jahren der Abwesenheit biegt er in der Nacht auf einen Pfad in den Wald ab und weiß auch ohne GPS, es ist der richtige Weg zum Dorf.
Uschguli liegt 2200 Meter hoch über dem Meeresspiegel und gilt als die höchste dauerhaft bewohnte Siedlung Europas. Am Ortseingang findet Gocha ein kleines Hotel, während Matthias und ich vor dem Panorama des Schchara-Massivs den Jeep ausladen. Der Berg ist in Wolken gehüllt, doch ich kenne den Gipfel noch gut und erahne seine Umrisse. Im Dorf treffe ich Gocha im Gespräch mit einem Swanen im gestreiften Anzug und Adidas-Schuhen, mit buschigem Vollbart und Haaren bis auf die Schultern. Er nennt sich „Einstein“ und es ist Fridon, der Kirchenwächter und Ikonenmaler während meiner Reisen nach Swanetien vor 30 Jahren.

Touristen fotografieren zwischen den Wehrtürmen. Uschguli ist nicht mehr das Dorf jener Zeit, als die Fremden selten und nicht gern gesehen waren. Ich bin noch einmal hier und weiß, ich komme nie wieder. Im Hotel serviert die freundliche Wirtin das Abendessen und hängt mein T-Shirt zum Trocknen ins Haus. Ein Tourist steht vor dem Hotel und sucht auf der Karte den Weg nach Lentechi, den wir gekommen sind. Nach links geht der Weg zum Schchara-Gletscher und nach rechts der Weg zum Tsagar-Pass. Aus welchem Land er kommt, will ich wissen, aber er versteht mich nicht. Ein Zelt hat er dabei, aber wird nass bis auf die Haut, bevor sein Zelt ausgepackt ist. Ich sehe ihn in der Dämmerung mit seinem Rad den Berg hinauffahren, als der Regen beginnt.

Es ist leicht geworden, nach Swanetien zu kommen, heute ein Nationalpark und Touristenmagnet. Die Jugend in Uschguli lebt den Fortschritt. Nur die Alten karren noch mit Ochsenschlitten das Holz aus dem Wald ins Dorf und ihr jahrhundertealter Stolz ist verletzt. Werden die Swanen es schaffen, dass ihre Traditionen nicht zur Folklore werden? Uschguli verändert sich. Neue Dächer, kleine Biergärten, bewohnte oder verlassene Höfe. Der Mann unserer Wirtin ist Grenzoffizier und sie betreibt den kleinen Laden im Hotel. Wir sind ihre einzigen Gäste und werden bewirtet wie Freunde der Familie. Mein Fotobuch über Swanetien wandert im Dorf und alle zeigen mir die Leute, die sie kennen. Eine Witwe sieht ihren Mann, eine Mutter ihren Sohn, ein Mann seinen Bruder. Fridon erinnert sich an mich, zeigt mir Zeichnungen und ein Aquarell mit Wehrtürmen. „Wir sehen uns wieder in dieser Welt“, sage ich zum Abschied und er mit einem fernen Blick: „Oder im Himmel.“

Das Inguri-Tal hinunter zur Kolchis ist ein beschwerlicher Weg. Aus den Schluchten steigen kalte Nebel auf, werden Wolken und bis zum Himmel ist es nicht weit: In einer Kurve ist ein Truck mit flüssigem Beton samt Fahrer in die Tiefe gestürzt. Sugdidi an der Grenze zu Abchasien empfängt uns mit subtropischer Hitze. Von der Festungsruine Rukhi weht die georgische Flagge hinüber in das abtrünnige Land. Der Inguri ist Grenzfluss geworden, vor der Brücke ein Schlagbaum mit Polizisten. Wir fahren weiter zum Palast des Fürsten Dadiani. Im Park flanieren Pärchen und Familien. Nichts ist zu spüren von der nahen Grenze, an der sich die Soldaten an beiden Ufern des Inguri in Schach halten.

Signachi im Weinland Kachetien ist ein malerisches Städtchen, das in Italien liegen könnte, wäre nicht am Horizont anstelle der Alpen das Panorama des Kaukasus. Ich bin im Kloster Bodbe am Grab der heiligen Nino. Hier liegt sie seit 17 Jahrhunderten. Die Äbtissin erlaubt, das Grab der Nino zu fotografieren. Es ist kaum Platz, mein Fotostativ aufzustellen, und ich frage mich, was mache ich hier mit meiner modernen Technik an diesem uralten heiligen Ort. Kichernde junge Georgierinnen mit Smartphones knipsen Selfies. Endlich allein, erfasst mich in der stillen Kapelle eine beklemmende Ehrfurcht, die mich an Ninos Ruhestätte innehalten lässt. Ich bin am Ende ihres irdischen Weges und meiner Suche nach der Seele Georgiens angekommen und bitte Nino um Verständnis für meine Fotos an ihrem Grab.

Von Signachi fahre ich mit Gocha zurück in den Großen Kaukasus nach Tuschetien. Wir haben Glück im Unglück. Vor uns und hinter uns bricht die Bergstraße weg. Wir stehen im Jeep gefangen auf einer Felsnase am Berghang und kommen nicht mehr vorwärts und nicht mehr zurück. Die Straße unter uns bebt, Spalten reißen auf und der Fels bröckelt. Der Abgrund vor uns ist drei Meter breit und wird breiter. Wir müssen den Jeep zurücklassen und den Sprung wagen.
Wird die Straße auf der anderen Seite halten, oder rutschen wir ab und stürzen in die Tiefe? Wir dürfen keine Angst in den Beinen haben, sonst schaffen wir es nicht. Ich werfe den Fotorucksack über den Abgrund und es gibt kein Zurück. Ich nehme Anlauf, springe, fliege … und werde nie erfahren, ob ich auf der anderen Seite angekommen bin. Am Morgen erzähle ich Gocha den Albtraum und frage, ob er jemals ein Erdbeben im Kaukasus erlebt hat. Nur einen Tag später wird Gocha sagen, ich habe das Ende unserer Reise vorausgeträumt.

Wir machen eine Pause in Alwani am Fuße des Großen Kaukasus im Haus von Guliko. Gochas Tante ist 78 Jahre alt, will uns nach Tuschetien zu den Ahnen begleiten und noch einmal ihre Heimat sehen. Auf dem Küchentisch liegt ein Vokabelheft, bekritzelt mit italienischen Worten. Italien ist Gulikos Traum, nach Italien will sie noch reisen, bevor sie stirbt. „Dort möchte ich leben", sagt sie.

Das Wasser kommt vom Gletscher. Wir baden in reißender Strömung, finden einen von der Ewigkeit schön geschliffenen Stein und wuchten ihn vom Fluss den Hang hinauf ins Auto. Gocha baut in seinem Geburtsort ein Haus. In jeder Region Georgiens sucht er in den Bergen und Flüssen nach einem charaktervollen Stein und baut ihn in seinem Haus als Heimat ein.
Die Tuschen sitzen bis in die Nacht am Tisch in der Küche von Guliko. Nachbarn, Verwandte und Freunde aus dem Dorf reden, essen und trinken. Gocha erzählt von der Spaltung des frühen Christentums zwischen Armenien und Georgien.
In Armenien herrscht die Vorstellung von Jesus, er sei Gottes Sohn und selbst ein Gott, während in Georgien die Vorstellung gilt, Jesus ist Gottes Sohn und Mensch zugleich. Seltsam, worüber sich die Menschen ereifern und über Jahrhunderte in Streit geraten, denke ich und gehe schlafen.
Es ist drei Uhr und finstere Nacht, als ich aus der Haustür auf die Terrasse trete. Das ist meine letzte Erinnerung.

Guliko wird am Morgen von einem lauten Stöhnen geweckt und denkt, die Kuh ist krank. Sie findet mich mit dem Gesicht auf der Erde und dreht meinen Kopf zur Seite. Ich sehe Gocha, verschwommen, als wäre ich hinter dem dicken Glas einer Taucherglocke. „Wolfgang, was ist los? Hörst du mich?“ Ich verstehe ihn, ohne ihn zu hören, und kann nicht antworten. Ich bin hier drinnen und er ist da draußen, und dann wird es dunkel. Wie durch die Lamellen im Zentralverschluss eines Objektivs verschwindet von außen nach innen das Licht zu einem Punkt und es wird grau und dann schwarz in mir. Ich spüre keinen Schmerz, keine Angst, keinen Gedanken, keine Zeit und versinke in der Dunkelheit mit einem warmen, schwerelosen, außerirdischen Glücksgefühl, das ich so im Leben nicht kenne.
Jetzt weiß ich, es ist wunderbar zu sterben, wenn man hinterher nicht tot ist.

Aus fünf Metern Höhe sehe ich die Männer aus Gulikos Küche. Sie tragen mich wie den Gekreuzigten die Treppe zur Terrasse hoch ins Haus. Gocha bestätigt mir später: am ausgestreckten rechten Arm Gocha, sein Cousin Tornike am ausgestreckten linken Arm, Gulikos Nachbar Lewan am linken Bein und der Hüne Aliko, der Bürgermeister des Dorfes, am rechten Bein.
Mein Gesicht hängt über den Treppenstufen, trotzdem sehe ich uns von oben und höre sie reden. Der Tag vergeht ohne Zeit, bis ich am Abend im Bett aufwache. Ich vergesse das alles und erst viele Monate später fällt es mir wieder ein.

Ich kann keinen Finger und keine Zehe bewegen und spüre mich nicht mehr. Ich sehe meine Arme und Beine, als wären es nicht meine. Ich bin in der Nacht von der Terrasse gestürzt und vom Hals abwärts querschnittsgelähmt in meinem Körper begraben. Gestern noch in den Bergen, bin ich nun bewegungslos in einer Wolke aus Schmerzen ans Bett gefesselt. Ich müsste verrückt werden, aber meine Seele ist ruhig. Ich höre meine innere Stimme und sehe vor meinem inneren Auge eine leuchtende Schrift: Da kommst du wieder raus, Koralle!

Es sind die Bilder meiner Reise durch den Kaukasus, die mich im Kopf retten und nicht verzweifeln lassen. Die Dorfärztin klopft mit dem Gummihammer auf meine Knie. Vier Männer schleppen mich auf einer Trage zum Auto wie Sargträger einen Toten zum Grab. Ich wache in der Stadt Telawi bei einem Arzt auf, der mein Genick röntgen will und versucht, die Kassette mit dem Film unter meinen Hals zu schieben.

Ein Halswirbel ist gebrochen, das Rückenmark verletzt und mein Kopf hängt an den Halsmuskeln, sagt der Arzt. Gocha telefoniert Stunden, bis es alle wissen: Die deutsche Botschaft in Tiflis schaltet sich ein. Der ADAC schickt von München einen Rettungsflieger nach Tiflis. Der Helikopter ist kaputt und ein Krankenauto schafft mich auf holpriger Straße vom Kaukasus nach Tiflis ins Krankenhaus. Ein Arzt untersucht mich bis zum Morgen, kitzelt am Ende meine Haut mit einer Gänsefeder und ich spüre nichts. „Sie sind kerngesund, aber sie sterben, wenn sie nicht sofort operiert werden", macht er mir Mut, und so ermutigt antworte ich: „Das wäre doch die reinste Materialverschwendung." Seit dem Sturz muss ich dringend pinkeln und kriege endlich von zwei Schwestern einen Katheder drangebastelt. „Fitting for fly" geht es in einem Kokon zum Flughafen Tiflis. Ich muss zur Operation nach Berlin.

Der Pilot des Rettungsfliegers will mein Gepäck nicht mitnehmen. Er muss Gewicht sparen, denn außer mir fliegt ein Bergsteiger mit nach Deutschland und ich höre meine Stimme im Kokon: „Ohne meinen Fotorucksack fliege ich nicht mit!"
Im Flieger ist es eng und ich frage den Arzt der Crew nach dem Bergsteiger.
Der ist in Swanetien am Uschba abgestürzt und liegt in einem Sack mit Eisklumpen zu meinen Füßen. Der Arzt will wissen, ob ich das Licht am Ende des Tunnels sehen konnte. „Einen Tunnel habe ich nicht gesehen und auch kein Licht", sage ich, „aber ich habe schon nach dem Schalter getastet."

„Es kann sein, dass Sie während der Operation sterben oder für immer gelähmt bleiben. Nur einer von tausend schafft es, nach so einem Unfall wieder gesund zu werden", klärt mich in der Berliner Charité der Professor auf, der mich operieren wird, ein Zweimetermann an meinem Bettende. „Aber haben Sie keine Angst, wir tun unser Bestes", will er beruhigen. „Wenn Sie so gerne operieren, Herr Professor, wie ich fotografiere, mache ich mir keine Sorgen", antworte ich und er rettet mir das Leben. Seitdem dauert meine Genesung an und mein Buch erscheint erst jetzt. Ich bin den Wegen der heiligen Nino gefolgt, um die Seele Georgiens zu suchen und ich habe meine eigene Seele gefunden.

Und hier sind meine Bilder.

Uschguli 2011

Lamaria-Kirche vor dem Schchara-Massiv | Uschguli 2011

Uschgoli 2011

Uschguli 2011

Adischi 2011

Dorfkirche | Ipchi 2011

Uschguli 2011 | Fridon

 Bergstraße in Swanetien | Matskwarischi 2011

Letschuri 2009 | Bergstraße nach Tuschetien

Signaltürme | Girewi 2009

Girewi 2009

Girewi 2009

Girewi 2009

Wolke am Pass nach Tuschetien | Alawerdi 2009

Fluss Alasani | Girewi 2009

Girewi 2009

Letschuri 2009

Udabno 2009

Dawit Garedscha 2009

Dawit Garedscha 2009

Udabno 2009

Dawit Garedscha 2009

Alwani 2009

Letschuri 2009 | Guliko

Blick nach Swanetien im Großen Kaukasus | Kutaissi 2008

2017 begegne ich in Berlin der Studentin Margo, die mich kennenlernen will. Im Wohnzimmer ihres Elternhauses hängt das einzige Foto der Familie von ihrem Großvater. Ich habe es für meinen Bildband „Swanetien – Abschied von der Zeit“ aufgenommen und 1987 der Familie geschenkt. Margo ist damals vier Jahre alt und vergisst den „Germanelli“ nicht, der ihren Opa fotografiert. Dreißig Jahre später erzählt sie mir diese schöne Episode meiner Reisen nach Swanetien.

WOLFGANG KORALL

studierte Physik an der Friedrich-Schiller-Universität in Jena und arbeitete als Diplom-Physiker bei Carl Zeiss Jena. Nach einem Fotografie-Studium an der Hochschule für Grafik und Buchkunst in Leipzig mit Diplomabschluss ist er seit 1981 freiberuflicher Fotograf. Ausreise in die Bundesrepublik.

Er ist Mitglied der Fotografenagentur VISUM in Hamburg und lebt in Berlin. Reisen nach Georgien seit 1979 hinterlassen eine Verbundenheit mit dem Land, die bis zum heutigen Tage hält. Seine Swanetien-Fotos aus den Jahren 1984–1988 werden im Kulturministerium in Tiflis ausgestellt, erscheinen im ZEIT-Magazin und 1991 als Bildband „Swanetien – Abschied von der Zeit“. 2008–2011 arbeitet er am Projekt „Die Seele Georgiens“, eine Zeitreise durch Georgien auf den Wegen der heiligen Nino von der Tradition in die Moderne, unterstützt von der Georgisch-Deutschen Gesellschaft in Tiflis und dem Goethe-Institut Tiflis.
Fotografien des Projektes werden 2009 in der Landesvertretung Thüringen beim Bund in Berlin und 2010 im Georgischen Nationalmuseum in Tiflis ausgestellt. 2011 wird Wolfgang Korall von Sandra Roelofs, der Gattin des damaligen Präsidenten Micheil Saakaschwili, eingeladen, um das Fotoprojekt fortzusetzen.

Ein Unfall im Kaukasus beendet 2011 die Fotoarbeit von Wolfgang Korall.

www.wolfgangkorall.de

Girewi 2009 | Wolfgang Korall, Foto: Lewan Pataraia

DANKSAGUNG

Ich danke meinem Jugendfreund Gaga Chkeidse, auf dessen Einladung ich 1979 erstmals nach Tiflis und Chewsuretien und 1984 nach Swanetien reisen konnte.

Ich danke meinen Freunden Lewan Pataraia, Gocha Gulelauri, Nina Kamkamidze und Matthias Unger, die mich als Reisekameraden gefahren und begleitet haben.

Ich danke meinen Freunden Prof. Lascha Bakradse, Bela Chekurishvili, Tengis Khachapuridze, Temo Javakhisvili, Zurab Berozashvili, Mamuka Amiresashvili, Zviad Ratiani, Guram Tsibakashvili, Peter Liebl, Heiner Sylvester, Lutz Leibner, Susanne Rötschke und allen anderen für die Begegnungen auf meinen Reisen, für ihre Gastfreundschaft und die Unterstützung meines Fotoprojektes.

Ich danke Gocha Gulelauri für seine tatkräftige Hilfe von 2008 bis 2011 durch die Georgisch-Deutsche Gesellschaft und Werner Wöll und Natia Mikeladse-Bachsoliani für die Förderung meiner Arbeit von 2008 bis 2010 durch das Goethe-Institut in Tiflis.

Ich danke Sandra Roelofs, Gattin des ehemaligen Präsidenten Micheil Saakaschwili, für ihre Einladung nach Tiflis, um 2011 mein Fotoprojekt zu beenden.

Ich danke Silke Klöver von der Deutschen Botschaft in Tiflis für die lebensrettende Hilfe nach meinem Unfall 2011 im Kaukasus bei der medizinischen Versorgung in Tiflis und bei meinem Rückflug mit einem ADAC-Rettungsflieger nach Berlin.

Ich danke Irine Chogoshvili für ihr persönliches Engagement und dem Georgian National Book Center in Tiflis für die finanzielle Förderung dieses Buches.

Ich danke meinen Freunden und den Freunden Georgiens, die eine Veröffentlichung des Bildbandes im Großformat durch den Subskriptionsverkauf unterstützt haben.

Ich danke dem Verlagsleiter Roman Pliske und dem Gestalter Matthias Littmann des Mitteldeutschen Verlages für die Herstellung und Herausgabe dieses Fotobuches.

„Verlier mein Bild nicht!“, ruft er mir nach.

Das Buch wurde mit der Unterstützung des Georgian National Book Center und des Ministeriums für Kultur und Denkmalschutz von Georgien veröffentlicht.

GEORGIAN NATIONAL BOOK CENTER

MINISTRY OF CULTURE AND MONUMENT PROTECTION OF GEORGIA

Bibliografische Information der Deutschen Nationalbibliothek
Die Deutsche Nationalbibliothek registriert diese Publikation in der Deutschen Nationalbibliografie; detaillierte bibliografische Daten im Internet unter http://d-nb.de.

www.mitteldeutscherverlag.de

Gesamtherstellung: Mitteldeutscher Verlag, Halle (Saale)

ISBN 978-3-95462-305-1

Printed in the EU